Edition Schott

Violoncello

Paul Hindemith
1895 – 1963

Drei leichte Stücke

Three easy Pieces

(1938)

für Violoncello und Klavier
for Violoncello and Piano

(1. Lage / 1st Position)

ED 2771
ISMN 979-0-001-03972-7

www.schott-music.com

Mainz · London · Berlin · Madrid · New York · Paris · Prague · Tokyo · Toronto
© 1938 SCHOTT MUSIC GmbH & Co. KG, Mainz · © renewed 1966 · Printed in Germany

Drei leichte Stücke

I

Paul Hindemith
(1938)

4

II

Langsam (♩ 54)

Violoncello

Drei leichte Stücke

I

Paul Hindemith
(1938)

II

III

einleiten Wie zuerst

III

8